prime letture in italiano

collana **RaccontImmagini**

QUADRO EUROPEO DI RIFERIMENTO A1

Sara Servetti

Un quaderno e due matite!

Disegno e coloro B

EDILINGUA

Sara Servetti si è laureata in Lingue e Letterature Straniere presso l'Università degli Studi di Torino, ha seguito corsi di perfezionamento in Didattica dell'italiano a stranieri e corsi di specializzazione in Didattica nelle Università di Torino e Venezia. Ha conseguito la certificazione DITALS per l'insegnamento della lingua italiana agli stranieri presso l'Università di Siena e il Dottorato di Ricerca in Linguistica Applicata presso l'Università di Torino.
Ha pubblicato numerosi articoli, riguardanti l'insegnamento e l'apprendimento, in libri e riviste specializzate, nazionali e internazionali, e ha presentato i risultati delle sue ricerche a conferenze internazionali (Spagna, Lettonia, Grecia, Russia, Portogallo).
Ha insegnato la lingua italiana a bambini stranieri nella scuola primaria, ha collaborato con l'Università di Torino per lo svolgimento di corsi di lingua italiana per studenti Erasmus ed è docente di lingua inglese nella scuola secondaria.

A tutti i bambini che hanno ispirato questa collana

© Copyright edizioni Edilingua
Sede legale
Via Cola di Rienzo, 212 00192 Roma
Tel. +39 06 96727307
Fax: +39 06 94443138
www.edilingua.it
info@edilingua.it

Deposito e Centro di distribuzione
Via Moroianni, 65 12133 Atene
Tel. +30 210 5733900
Fax: +30 210 5758903

I edizione: novembre 2009
ISBN: 978-960-6632-07-5
Impaginazione: Edilingua
Illustrazioni: Marco Fantechi
Redazione: Laura Piccolo, Antonio Bidetti, Marco Dominici

Gli autori apprezzerebbero, da parte dei colleghi, eventuali suggerimenti, segnalazioni e commenti sull'opera (da inviare a redazione@edilingua.it).

prime letture in italiano

collana RaccontImmagini

INDICE

La collana illustrata ***Raccontimmagini*** ci presenta 10 raccontini semplici e verosimili. In modo ludico e pragmatico i protagonisti, bambini stranieri e italiani, vengono ritratti nelle loro azioni quotidiane (l'arrivo di un nuovo compagno a scuola, fare acquisti in un negozio, una gita al mare con la famiglia e così via) nelle quali il lettore-bambino è portato a immedesimarsi in quanto situazioni a lui vicine.

La grafica divertente e semplice risponde al bisogno di immediatezza e chiarezza del bambino. Infatti, i 10 racconti sono accompagnati da illustrazioni che permettono di associare la parola nuova in italiano direttamente all'immagine. Inoltre, le parole sono sempre inserite nel contesto generale di una storia, che facilita l'acquisizione spontanea non solo del lessico, ma anche delle altre parti del discorso.

I libretti presentano due storielle accomunate da un'affinità tematica e contengono anche elementi di tipo culturale.

Gli esercizi e i giochi che completano ogni storia porteranno gradualmente a un uso più autonomo e personale delle parole e delle espressioni incontrate.

I racconti possono essere scelti dal genitore e letti in modo autonomo dal bambino, oppure indicati dall'insegnante che può proporli anche come attività di rinforzo, sia in classe che a casa.

Raccontimmagini è insomma uno strumento semplice, versatile e può integrare altri materiali nella prima fase di apprendimento dell'italiano.

Al termine della storia ***Un quaderno e due matite*** il bambino saprà:
- riconoscere e dire i numeri da 1 a 20;
- riconoscere gli oggetti scolastici e parlarne;
- capire e usare il lessico relativo alle 4 operazioni matematiche;
- richiedere un oggetto in modo cortese;
- indicare la presenza di un oggetto o di una persona usando *c'è/ci sono*;
- capire e usare il lessico di uso comune in classe (disegnare, cancellare, tagliare, incollare...).

Al termine della storia ***Disegno e coloro*** il bambino saprà:
- riconoscere e dire il colore di un oggetto;
- riconoscere e usare il lessico relativo agli elementi del paesaggio;
- descrivere un'immagine usando frasi minime, composte da soggetto + verbo *essere* + aggettivo (ad esempio: La casa è gialla);
- riconoscere e dire la posizione di un oggetto nello spazio (*in alto, in centro, in basso, a destra, a sinistra*).

Invitiamo insegnanti e genitori a visitare il nostro sito www.edilingua.it per prendere vi-sione della *Guida didattica* (che contiene utili istruzioni, per un miglior uso della collana, e le chiavi delle attività) e per conoscere gli altri libretti della collana *Raccontimmagini.*

Allora, buona lettura e... buon divertimento!!!

A Un quaderno e due matite

prime letture in italiano

collana RaccontImmagini

È MATTINA... STEFANIA È CONTENTA: OGGI È IL SUO PRIMO GIORNO DI SCUOLA. APRE LO ZAINO

E METTE IL DIARIO,

L'ASTUCCIO,

I LIBRI DI ITALIANO E DI MATEMATICA

E LA MERENDA PER L'INTERVALLO.

STEFANIA HA BISOGNO DI UN QUADERNO.

SALUTA LA MAMMA E ESCE DI CASA.

PRIMA DI ANDARE A SCUOLA ENTRA IN UN NEGOZIO PER COMPRARE IL QUADERNO.

NEL NEGOZIO CI SONO TANTE COSE:

1 UNO ZAINO GRANDE

2 DUE ZAINI PICCOLI

3 TRE RIGHELLI

4 QUATTRO GOMME GRANDI

5 CINQUE GOMME PICCOLE

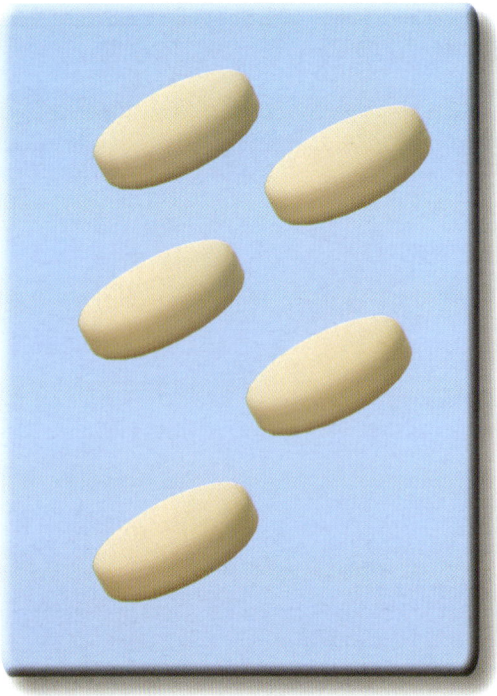

6 SEI MATITE

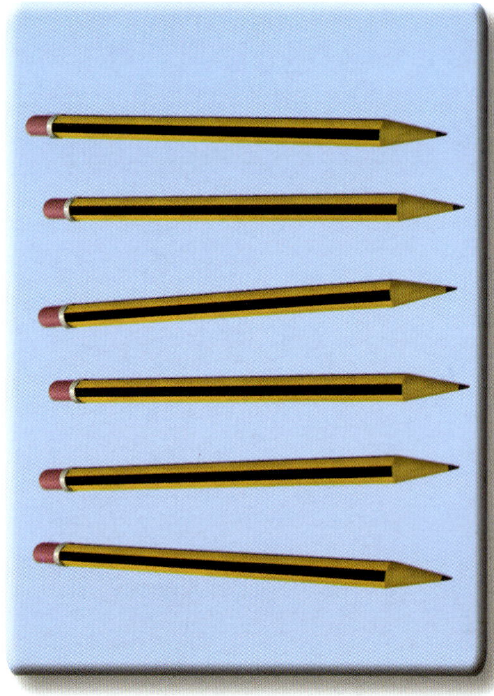

7 SETTE TEMPERINI GRANDI

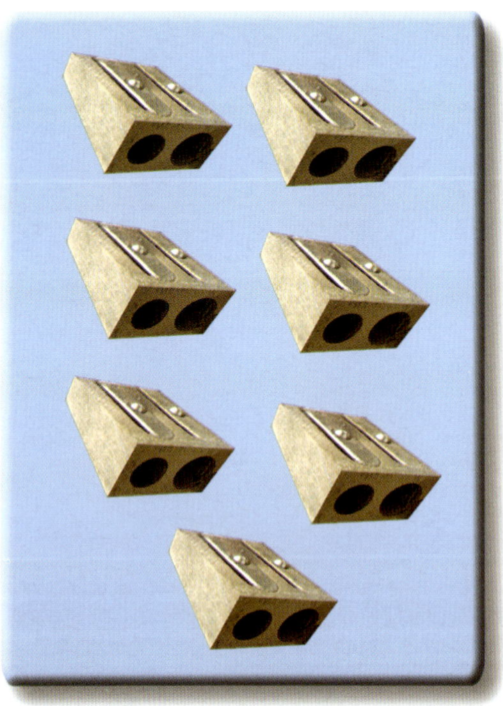

8 OTTO TEMPERINI PICCOLI

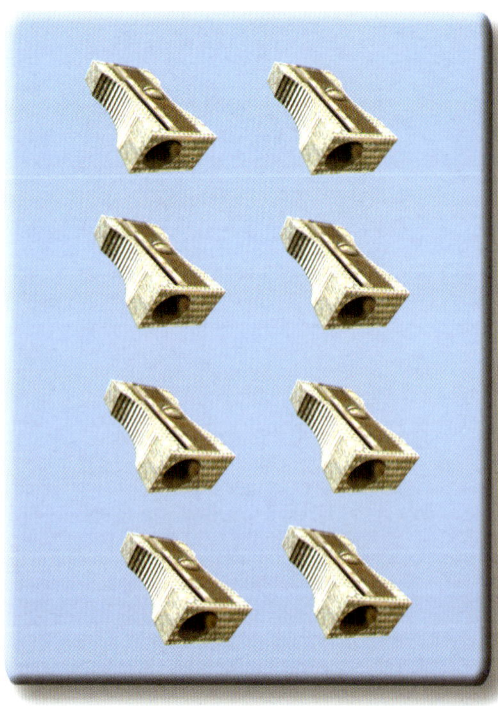

9 NOVE PENNE

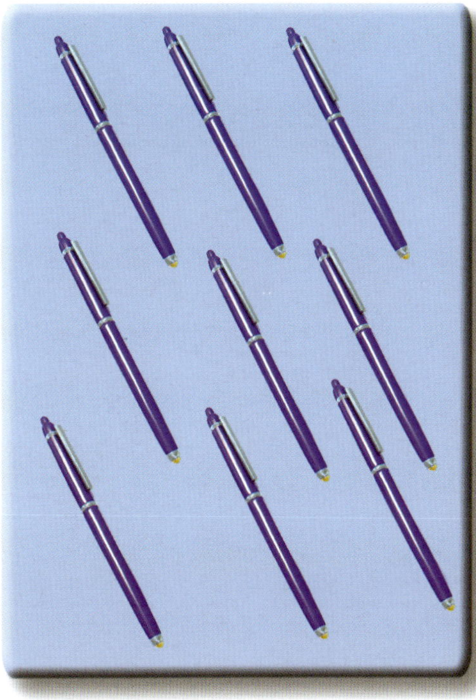

10 DIECI ASTUCCI GRANDI

11 UNDICI ASTUCCI PICCOLI

12 DODICI PAIA DI FORBICI GRANDI

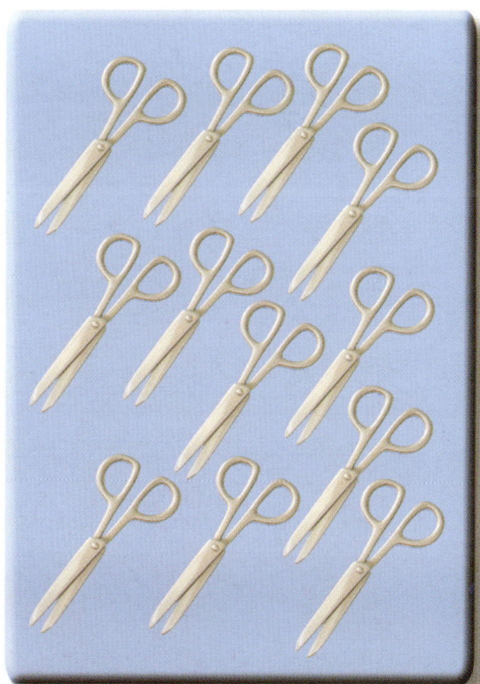

13 TREDICI PAIA DI FORBICI PICCOLE

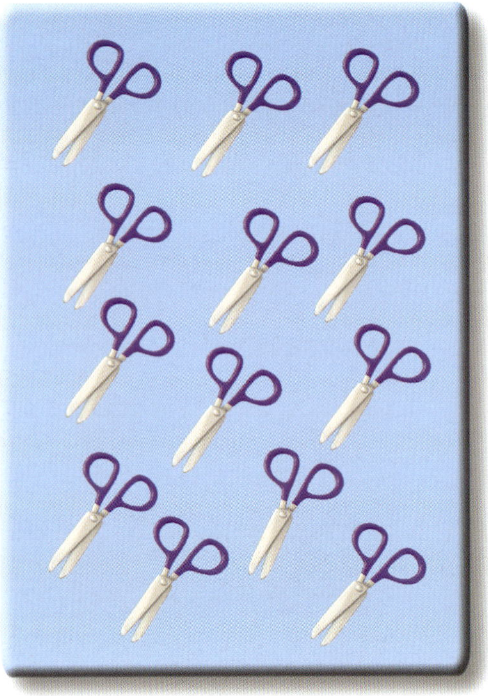

14 QUATTORDICI COLLE

15 QUINDICI DIARI

16 SEDICI QUADERNI GRANDI

17 DICIASSETTE QUADERNI PICCOLI

18 DICIOTTO LIBRI

19 DICIANNOVE PENNARELLI

20 VENTI PASTELLI

STEFANIA COMPRA IL QUADERNO.

NEL NEGOZIO ENTRA UN'ALTRA BAMBINA E COMPRA 2 DUE MATITE.

CIAO. IO SONO JESSICA. TU, COME TI CHIAMI?
STEFANIA.

CARTOLERIA
VAI A SCUOLA IN VIA VERONA?
SÌ. È IL MIO PRIMO GIORNO.
ANCHE IO VADO A SCUOLA LÌ. ANDIAMO IN-SIEME?
SÌ, VOLENTIERI!

STEFANIA È CONTENTA PERCHÉ HA UNA NUOVA AMICA.

1. Collega l'immagine alla parola.

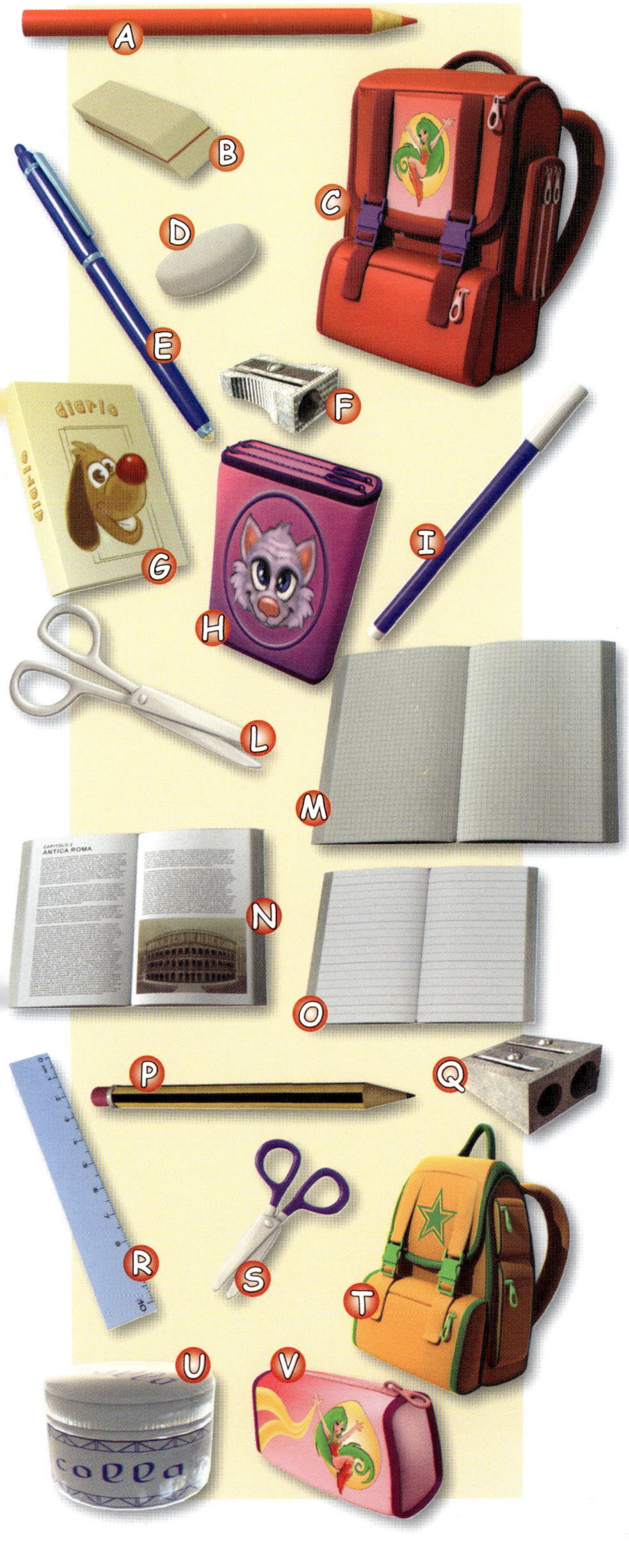

1. LE FORBICI PICCOLE ___
2. IL RIGHELLO ___
3. IL TEMPERINO GRANDE ___
4. LA GOMMA GRANDE ___
5. IL DIARIO ___
6. LA PENNA ___
7. LO ZAINO PICCOLO ___
8. IL QUADERNO PICCOLO ___
9. IL LIBRO ___
10. LA MATITA ___
11. IL QUADERNO GRANDE ___
12. LA GOMMA PICCOLA ___
13. IL TEMPERINO PICCOLO ___
14. L'ASTUCCIO PICCOLO ___
15. I PASTELLI ___
16. I PENNARELLI ___
17. LE FORBICI GRANDI ___
18. LA COLLA ___
19. L'ASTUCCIO GRANDE ___
20. LO ZAINO GRANDE ___

2. Completa le parole al singolare e al plurale.

		UNO		TANTI
1		IL T _ _ PE _ INO		I T _ M _ _ _ INI
2		IL P _ _ TEL _ O		I _ A _ TE _ _ I
3	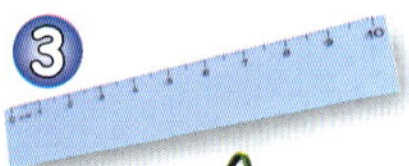	IL _ IGH _ _ _ _	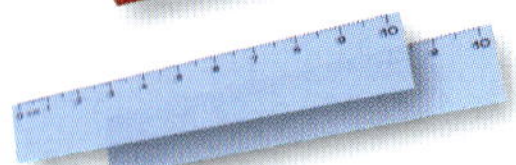	I _ I _ _ ELLI
4		LO _ AI _ O		GLI _ A _ NI
5	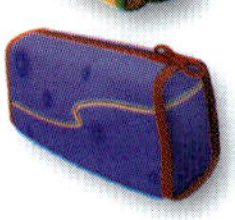	L' _STU _ _ IO		GLI _ _ TU _ _ I
6		LA G _ M _ A		LE _ _ MME
7		IL Q _ _ DE _ _ O		I Q _ AD _ _ NI
8		LA M _ T _ T _		LE M _ _ _ TE
9		LA P _ _ N _	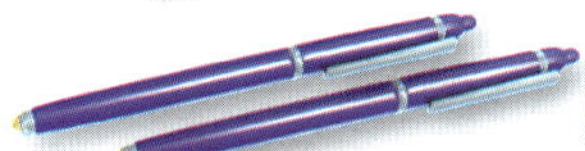	LE PE _ _ E
10		IL _ I B _ O		I LI _ _ I
11		LA CO _ _ _		LE _ _ LLE
12		IL _ _ A _ _ O	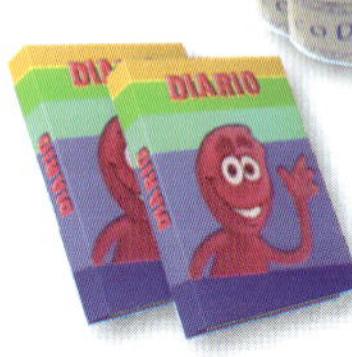	I D _ _ _ I

3. Completa le parole e collegale ai numeri.

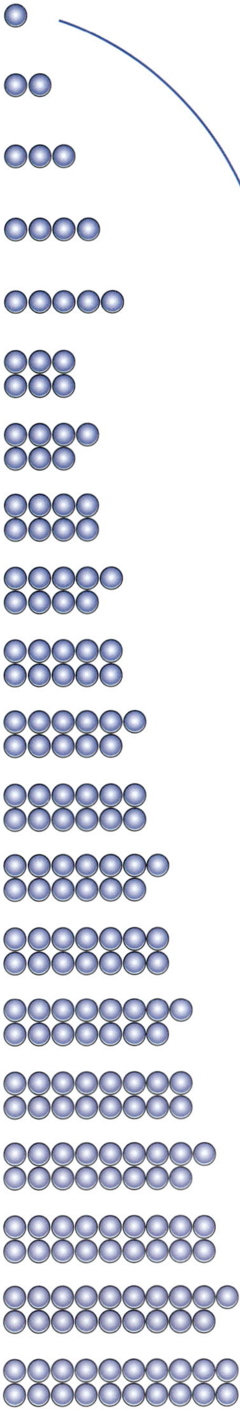

8	CIN _ _ E
16	Q _ IN _ _ CI
13	D _ DI _ I
3	UNO
4	U _ DIC _
20	S _ I
1	NO _ E
10	DIE _ I
9	_ UE
5	S _ DICI
11	_ ET _ E
2	O _ T _
12	T _ E
6	DIC _ A _ _ OVE
14	Q _ ATT _ O
15	TRE _ ICI
19	QUA _ _ O _ DICI
7	D _ CIO _ _ O
18	V _ NTI
17	DI _ IA _ _ ETTE

4. Esegui le operazioni e unisci il risultato ai numeri sulla linea, come nell'esempio.

TRE	PIÙ +	DUE	UGUALE =	CINQUE
SETTE	PIÙ +	QUATTRO	UGUALE =	_ _ DI _ _
NOVE	PIÙ +	OTTO	UGUALE =	_ _ CIA _ _ _ _ _ _ E
VENTI	MENO −	SEI	UGUALE =	QU _ _ _ _ R _ _ _ _
UNDICI	MENO −	SETTE	UGUALE =	QU _ _ _ R _
TREDICI	MENO −	DODICI	UGUALE =	_ N _
NOVE	PER ×	DUE	UGUALE =	DI _ _ _ TTO
TRE	PER ×	TRE	UGUALE =	N _ _ E
DODICI	DIVISO :	QUATTRO	UGUALE =	_ _ E
DIECI	DIVISO :	CINQUE	UGUALE =	_ _ E

0 1 2 3 4 5 6 7 8 9 10 11 12 13 14 15 16 17 18 19 20

QUAL È IL NUMERO PIÙ GRANDE? ....

QUAL È IL NUMERO PIÙ PICCOLO? ....

5. Cancella, scrivi, colora, taglia i numeri.

LA GOMMA CANCELLA UN NUMERO OGNI DUE. QUALI NUMERI CANCELLA?

ZERO, ...

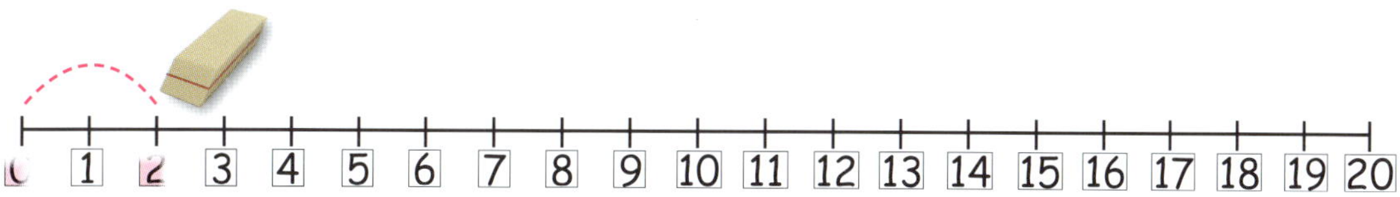

LA MATITA SCRIVE SU UN NUMERO OGNI QUATTRO. SU QUALI NUMERI SCRIVE?

....

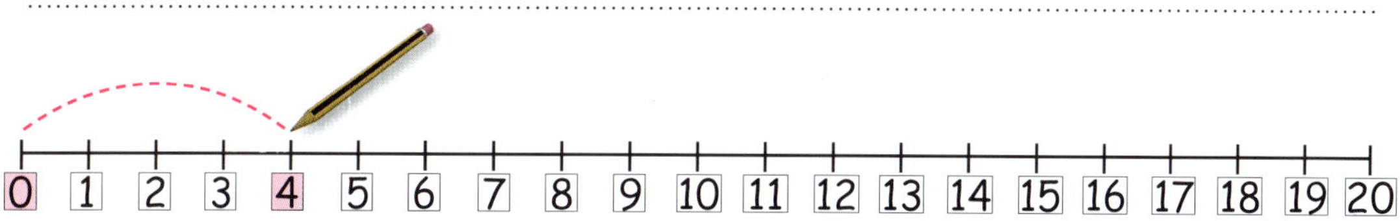

I PENNARELLI COLORANO UN NUMERO OGNI CINQUE. QUALI NUMERI COLORANO?

....

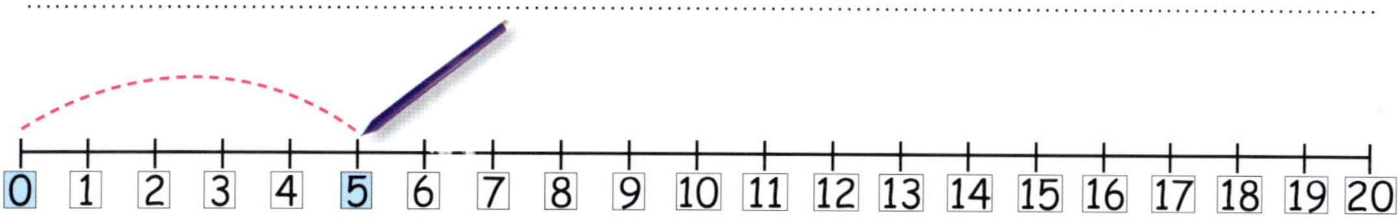

LE FORBICI TAGLIANO UN NUMERO OGNI TRE. QUALI NUMERI TAGLIANO?

....

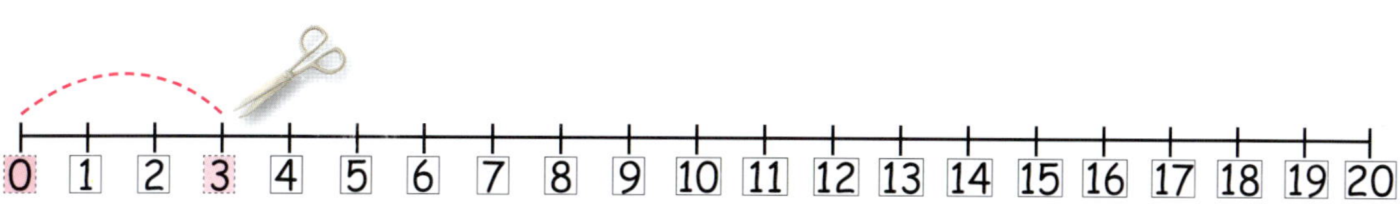

6. Disegna.

LE COSE PER COLORARE:
5 PENNARELLI E 8 PASTELLI

LE COSE PER MISURARE:
2 RIGHELLI

LE COSE PER SCRIVERE:
3 MATITE E 6 PENNE

LE COSE PER CANCELLARE:
4 GOMME PICCOLE E
5 GOMME GRANDI

LE COSE PER TAGLIARE:
1 PAIO DI FORBICI GRANDI E
1 PAIO DI FORBICI PICCOLE

LE COSE PER INCOLLARE:
7 COLLE

7. Completa per scoprire cosa c'è nello zaino?

1. CI SONO 6 →
2. CI SONO 9 →
3. CI SONO 8 →
4. CI SONO 3 →
5. CI SONO 10 →

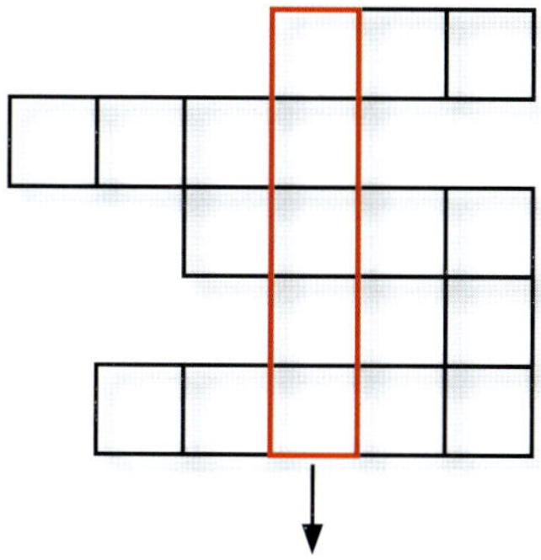

MATITE
PASTELLI
PENNARELLI
QUADERNI
COLLE

....

1. C'È UNA 
2. C'È UN 
3. C'È UNA 
4. C'È UNA 
5. C'È UN 
6. C'È UN 

7. C'È UN 
8. CI SONO I 
9. E I 

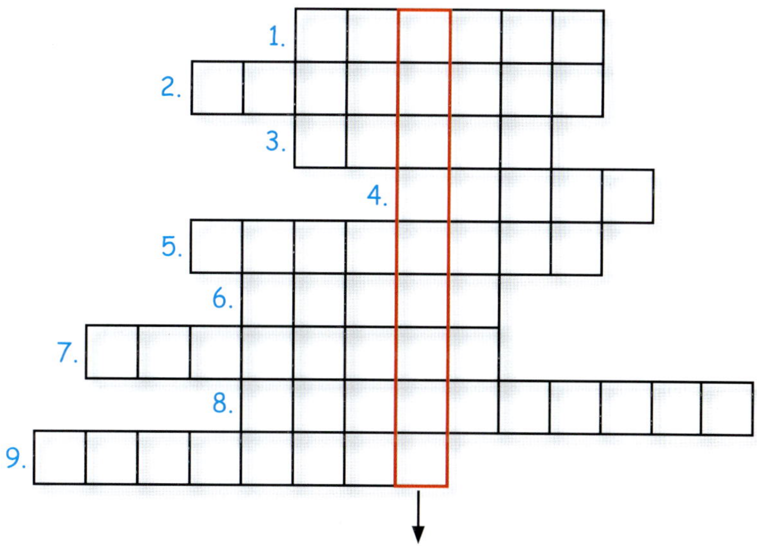

....

NELLO ZAINO CI SONO ....

8. Dai a questi bambini quello che chiedono.

CHE COSA RIMANE SUL BANCO? ....

....

....

9. Ripassiamo e scopriamo parole nuove. Come si chiamano questi oggetti? Risolvi il cruciverba e scoprilo!

A

È LA ....

1. LEGGO IL
2. PER DISEGNARE HO BISOGNO DELLA
3. 10 - 1 =
4. PER CANCELLARE HO BISOGNO DELLA
5. PER MISURARE HO BISOGNO DEL
6. 10 + 10 =
7. 20 - 6 =

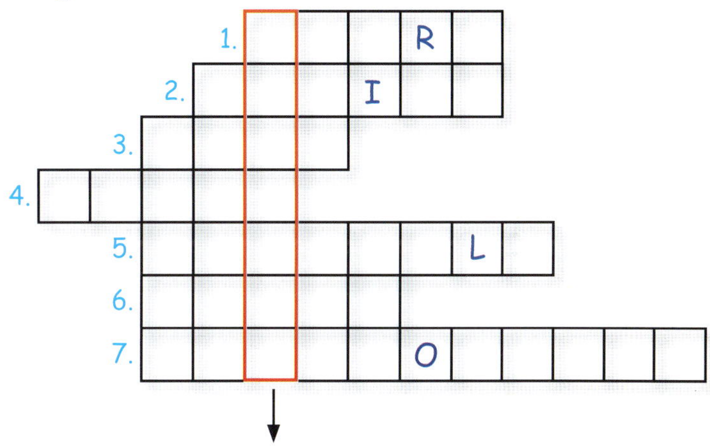

....

B

SULLA LAVAGNA SCRIVO CON IL ....

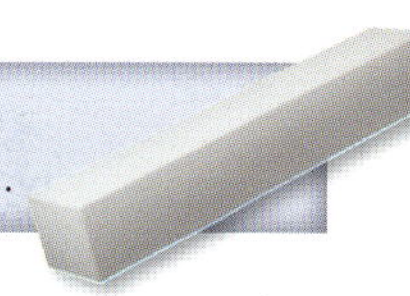

1. PER SCRIVERE HO BISOGNO DELLA
2. 10 + 7 =
3. 10 - 3 =
4. 
5. 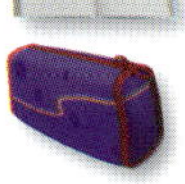
6. PER COLORARE HO BISOGNO DEI
7. 2 + 2 =

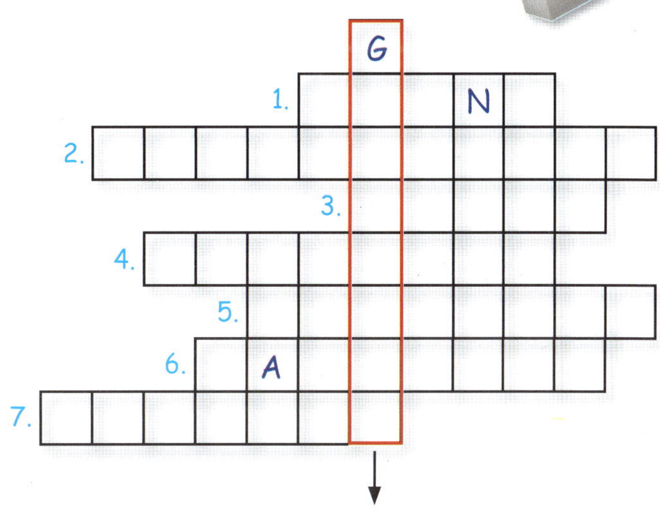

....

C

È LA ....

1. PER INCOLLARE HO BISOGNO DELLA

2. 9 + 10 =

3. 

4. 6 + 4 =

5. 2 - 1 =

6. 

7. 

8. 16 - 3 =

9. 2 + 1 =

10. 10 : 2 =

11. PER TAGLIARE HO BISOGNO DELLE

12. 4 - 2 =

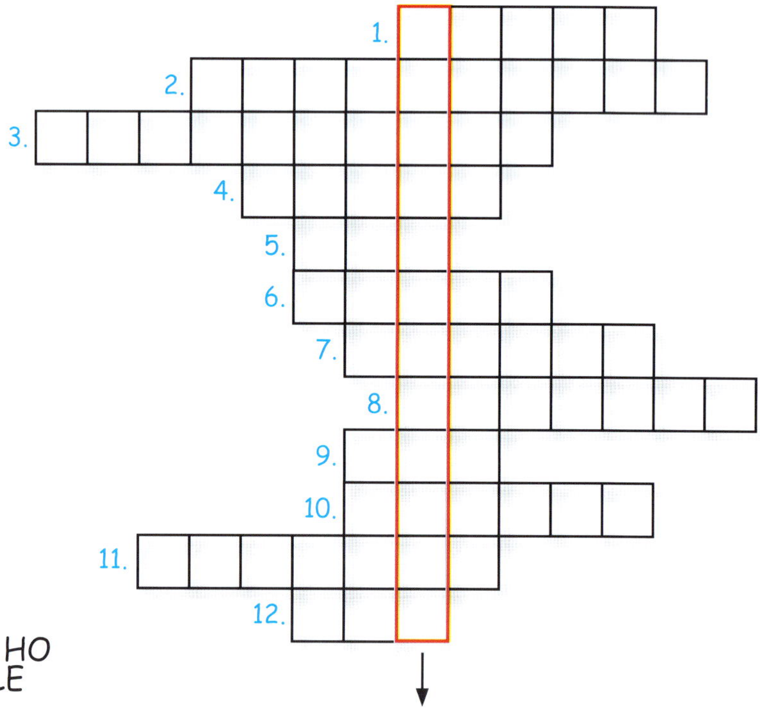

....

QUAL È L'OGGETTO PIÙ GRANDE?

....

QUAL È L'OGGETTO PIÙ PICCOLO?

....

10. Quali oggetti riconosci nel disegno? Conta e scrivi.

Nel disegno ci sono ....

....

....

....

....

....

GIOCO DELL'OCA CON DOMANDE

Numero di bambini: variabile. È possibile far svolgere il gioco a squadre.

Quando: dopo aver letto *Un quaderno e due matite.*

Materiali: materiale scolastico, un gioco dell'oca, cartoncini o foglietti precedentemente preparati dall'insegnante.

Procedimento:
- l'insegnante realizza su un cartellone il gioco dell'oca, o ne usa uno già esistente;
- i bambini, ciascuno con una pedina, lanciano a turno i dadi e si posizionano sulla casella corrispondente al numero;
- su alcune caselle l'insegnante potrà posizionare alcuni cartoncini (come 'penitenze' da affrontare per procedere nel gioco). Su questi cartoncini sono scritte alcune domande o richieste semplici, che fanno ripassare gli argomenti trattati in precedenza. Ad esempio su alcuni cartoncini si può scrivere:
  Conta i colori nel tuo astuccio.
  Indica con le dita un numero (scritto o pronunciato dall'insegnante).
  Indica oggetti grandi e piccoli all'interno dell'aula.
  Indica uno zaino, un diario ecc. presenti in classe.
  Indica che cosa usi per scrivere, leggere...
  Indica che cosa c'è nel tuo zaino o astuccio.
- il bambino risponde oralmente, per iscritto, toccando oggetti o spostandosi in classe, secondo quanto richiesto;
- se il bambino non risponde alla domanda o risponde in modo errato, torna indietro di una casella, se risponde in modo corretto può proseguire;
- il gioco finisce quando i bambini, dopo aver risposto alle domande, arrivano al traguardo.

Perché?
Si può proporre questa attività per far acquistare sicurezza al bambino e per esercitare la sua capacità di comprensione e produzione all'interno di un gioco. Le domande che l'insegnante propone come 'penitenze' possono essere pensate ad hoc per il gruppo di bambini a cui si rivolge.

CHE COSA C'È NELLA BORSA?

Numero di bambini: variabile. Si possono anche dividere i bambini in piccole squadre.

Quando: dopo aver presentato *Un quaderno e due matite.*

Materiali: una borsa non trasparente, di stoffa o di plastica, ma che permetta al bambino di toccare con facilità il contenuto della borsa; materiale scolastico (quaderni grandi e piccoli, gomme, matite, colori, diari). La quantità del materiale da inserire nella borsa dipende dal numero dei partecipanti.

Procedimento:
- l'insegnante inserisce nella borsa il materiale, magari dei bambini;
- ciascun bambino tocca un oggetto nella borsa cercando di indovinare che cos'è senza guardare;
- se l'oggetto è esatto, l'insegnante lo toglie dalla borsa e lo mette sul banco del bambino e continua fino al termine degli oggetti;
- gli oggetti sul banco si possono dividere in 'grandi' e 'piccoli', oppure "per scrivere" e "per leggere" e si possono scrivere alcune frasi (*Sul banco ci sono 4 gomme...*).

Variante (si può usare il materiale, oltre che per scrivere frasi, per stimolare i bambini ad usare le frasi imparate per richiedere il materiale che hanno prestato all'insegnante per il gioco):
- l'insegnante dispone gli oggetti scolastici sul banco in ordine sparso e ne chiede uno per volta (ad esempio, l'insegnante chiede: "Mi dai la gomma per favore?" o "Ho bisogno della gomma" o "Vorrei la gomma per favore") e si fa porgere da un bambino l'oggetto corrispondente. Si possono anche invertire i ruoli, ovvero il bambino può chiedere il materiale e l'insegnante porgerlo, commettendo ogni tanto qualche errore nel dare l'oggetto richiesto, per vedere se il bambino se ne accorge e lo corregge.

Perché?
Il gioco può essere proposto perché permette di ripassare molte delle parole nuove che il bambino ha imparato nel racconto, lo incuriosisce e viene sollecitata anche la sua abilità tattile.

BANDIERA

Numero di bambini: variabile. Il gioco si può proporre in classi di laboratorio o in classi elementari, magari durante l'ora di educazione fisica.

Quando: dopo aver presentato *Un quaderno e due matite.*

Materiali: un fazzoletto (sciarpa o simili).

Procedimento:
- i bambini vengono divisi in due file parallele (due squadre), ad eguale distanza da una linea tracciata per terra. Se i bambini sono in numero dispari, un bambino diventa il giudice del gioco;
- l'insegnante numera progressivamente ogni bambino in ciascuna delle due file, in modo che ci siano due bambini, appartenenti alle due file, con lo stesso numero;
- l'insegnante o il giudice, tenendo in mano il fazzoletto (la bandiera) chiama un numero alla volta;
- i due bambini con quel numero corrono a prendere la bandiera;
- se un bambino la prende prima dell'altro, l'avversario può corrergli dietro, cercando di prenderlo. Se lo prende prima della linea di divisione, il punto va alla sua squadra. Se non lo prende, il punto rimane alla squadra del bambino con la bandiera;
- l'insegnante (o il giudice) può chiamare i numeri in ordine sparso, e, se i bambini conoscono già le operazioni matematiche, può chiamare i numeri usando, ad esempio, l'addizione o la sottrazione (ad esempio, "3 più 2!").

Perché?
Il gioco può essere proposto perché permette di ripassare i numeri in modo 'dinamico' grazie ad un gioco italiano.

B Disegno e coloro

prime letture in italiano

collana RaccontImmagini

È POMERIGGIO. OLGA E MARCO SONO A CASA.

HO FINITO I COMPITI! POSSO DISEGNARE CON TE?
SÌ, GRAZIE! ECCO LA TUA SEDIA. SIEDITI.
NO, GRAZIE. STO IN PIEDI.

CHE COSA HAI DISEGNATO?
A SINISTRA HO DISEGNATO IL MARE E LE BARCHE.

AL CENTRO HO DISEGNATO LE MONTAGNE.
A DESTRA HO DISEGNATO DUE PAESI PICCOLI.

E IN BASSO UNA CITTÀ GRANDE. FINIAMO INSIEME IL DISEGNO?
SÌ, CERTO!

OLGA PRENDE LA SUA MATITA PER DISEGNARE.

IO DISEGNO LE STRADE E LE MACCHINE.

IO DISEGNO TANTE PERSONE IN STRADA E NEI GIARDINI.
HO SBAGLIATO! MI DAI LA GOMMA, PER FAVORE?
SÌ. ECCO.

IL DISEGNO È FINITO.

CON L'AZZURRO COLORO IL CIELO E IL MARE.
ASPETTA! COLORO IL MARE ANCHE CON IL BLU.

CON IL VERDE CHIARO COLORO I GIARDINI.
CON IL VERDE SCURO COLORO GLI ALBERI.

MI DAI IL MARRONE, PER FAVORE?
MARRONE
ECCO. CHE COSA COLORI?
VOGLIO COLORARE LE MONTAGNE.

IO PRENDO IL GRIGIO.
CHE COSA COLORI?
COLORO LE STRADE DELLA CITTÀ E DEI PAESI.

OLGA E MARCO COLORANO LE CASE, LE BARCHE, LE MACCHINE E LE PERSONE DI TUTTI I COLORI.

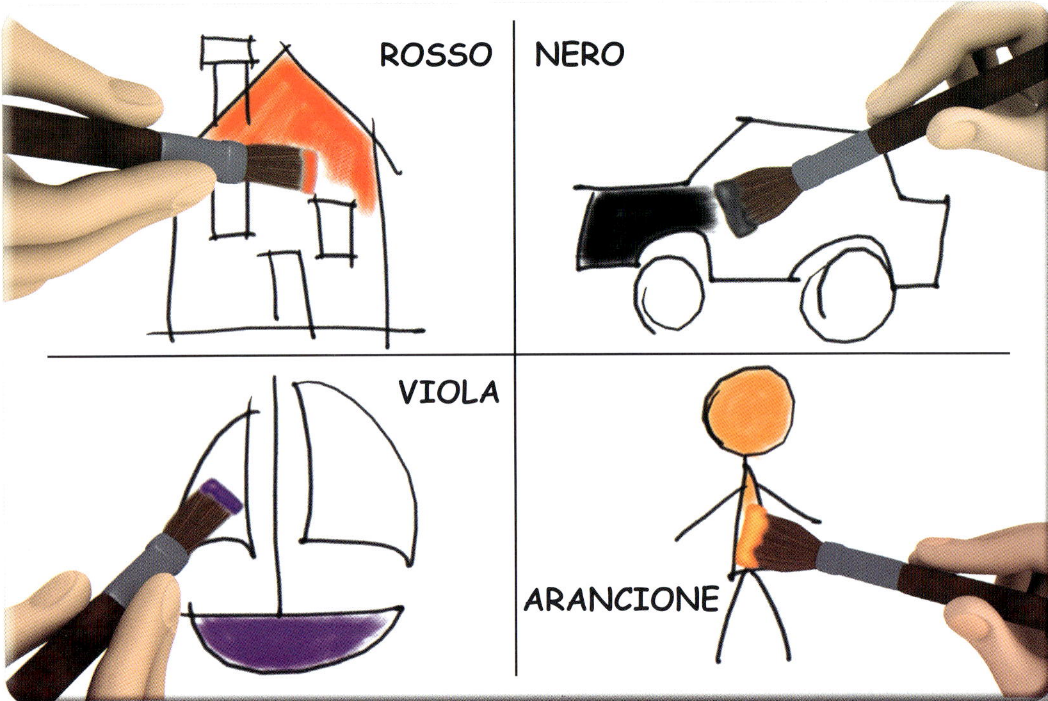

IL DISEGNO È FINITO.

ENTRA LA MAMMA DI OLGA E MARCO.

LA MAMMA, OLGA E MARCO ATTACCANO IL CARTELLONE VICINO ALLA FINESTRA. CHE BELLA SORPRESA PER IL PAPÀ!

1. Collega le macchie ai colori.

LA MACCHIA N° 1 È Viola ....

LA MACCHIA N° 2 È ....

LA MACCHIA N° 3 È ....

LA MACCHIA N° 4 È ....

LA MACCHIA N° 5 È ....

LA MACCHIA N° 6 È ....

LA MACCHIA N° 7 È ....

LA MACCHIA N° 8 È ....

LA MACCHIA N° 9 È ....

LA MACCHIA N° 10 È ....

LA MACCHIA N° 11 È ....

LA MACCHIA N° 12 È ....

LA MACCHIA N° 13 È ....

2. Che cos'è? Unisci l'immagine alla parola.

1. LA BARCA
2. LA MONTAGNA
3. IL PAESE
4. LA CITTÀ
5. LA NUVOLA
6. IL SOLE
7. LA MACCHINA
8. LA PERSONA
9. LA CASA
10. LA FINESTRA
11. LA STRADA
12. L'ALBERO

3. Segui la strada e colora gli oggetti.

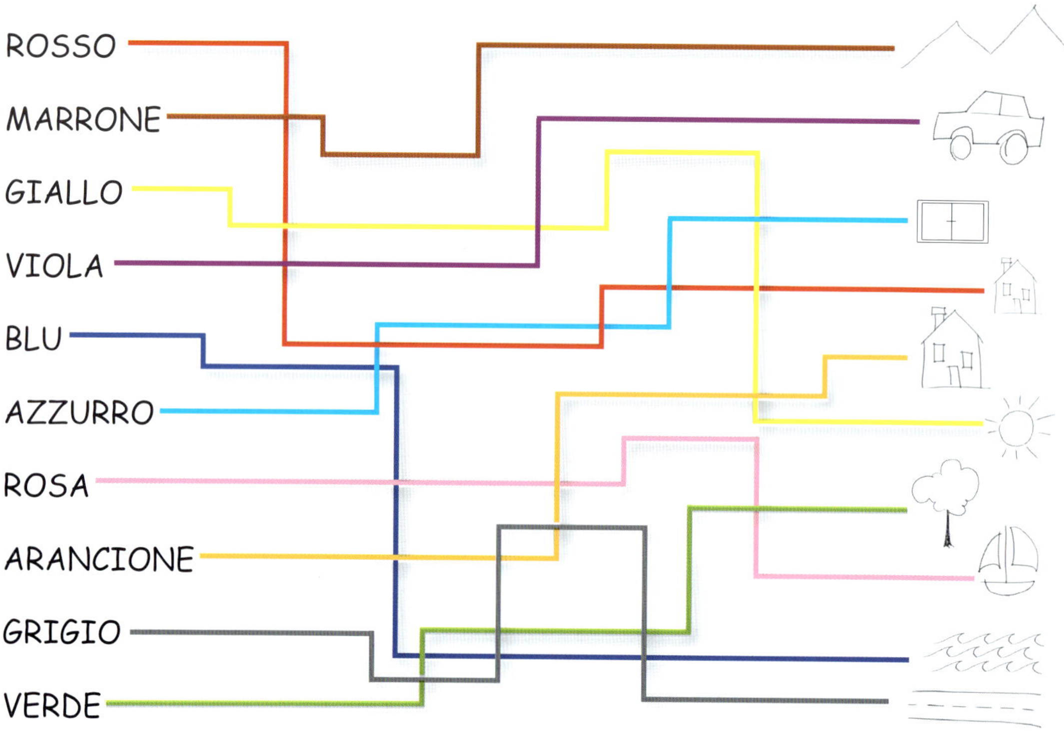

LA MONTAGNA È ....

LA MACCHINA È ....

LA FINESTRA È ....

LA CASA PICCOLA È ....

L'ALBERO È ....

IL SOLE È ....

LA BARCA È ....

IL MARE È ....

LA STRADA È ....

LA CASA GRANDE È ....

4. Quali parole ha mangiato il serpente? Trova 7 oggetti e 7 colori.

COLORI:

1. ....
2. ....
3. ....
4. ....
5. ....
6. ....
7. ....

OGGETTI:

1. ....
2. ....
3. ....
4. ....
5. ....
6. ....
7. ....

5. Completa e disegna una...

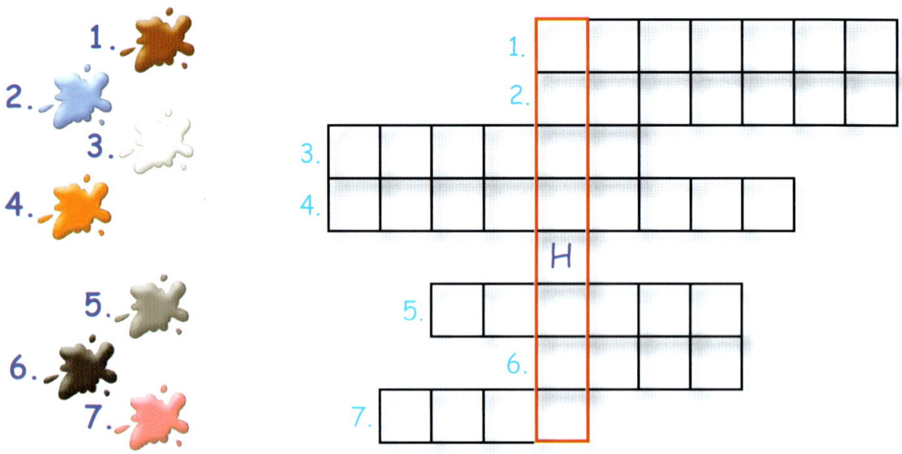

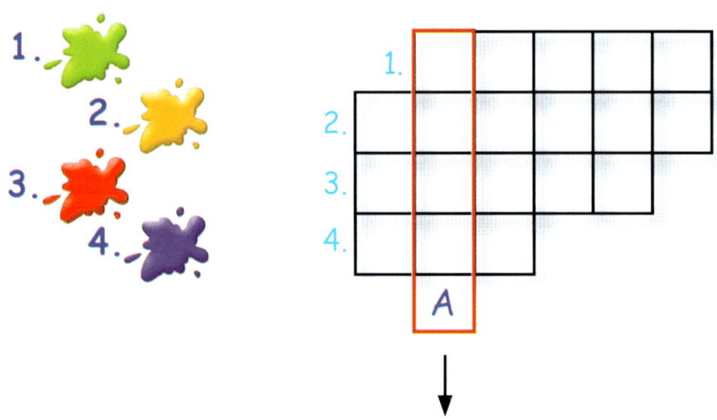

6. Osserva il foglio e disegna negli spazi giusti.

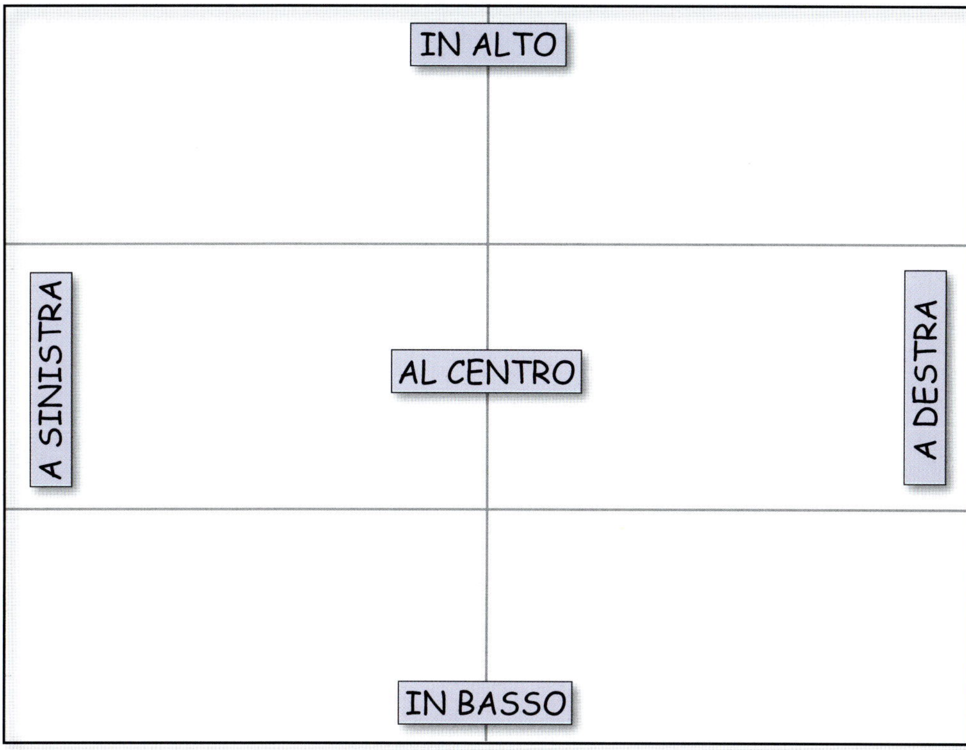

Disegna:

IN ALTO A DESTRA IL SOLE.
IN ALTO A SINISTRA DUE NUVOLE BIANCHE.
AL CENTRO TANTE MONTAGNE MARRONI E VERDI.
AL CENTRO A SINISTRA UN PAESE SULLA MONTAGNA.
AL CENTRO A DESTRA TANTI ALBERI SULLE MONTAGNE.
IN BASSO UNA CITTÀ CON TANTE CASE COLORATE.
IN BASSO A DESTRA TRE MACCHINE ROSSE.
IN BASSO A SINISTRA SEI PERSONE.

7. Metti in ordine le parole e forma le frasi.

Esempio:

 È LA  E 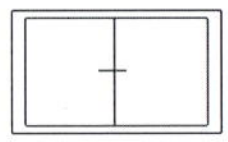 È LA 

La casa è rossa e la finestra è grigia.

1. SUL TANTE  CI SONO 

....

2.  UN  SULLA C'È.

....

3.  È IL  E 

....

4.  È  LA  E

....

5.  L'  È  E

....

6. SULLA 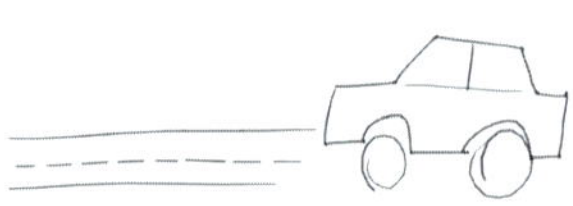 UNA C'È.

....

7. NEL  TANTE  CI SONO

....

8. Osserva le due immagini, trova le 8 differenze e scrivile.

1

2

1. Nel disegno 1, il sole è in alto a sinistra.
   Nel disegno 2, il sole è in alto a destra.
2. ....
3. ....
4. ....
5. ....
6. ....
7. ....
8. ....

9. E tu? Dove abiti?

- ☐ IN UNA CITTÀ
- ☐ IN UN PAESE
- ☐ AL MARE
- ☐ IN MONTAGNA

10. Disegna quello che vedi dalla tua finestra e descrivilo.

....

....

....

....

....

....

....

....

STREGA TOCCA COLORE

Numero di bambini: variabile. Si può svolgere l'attività con un gruppo di bambini stranieri o con una classe ordinaria, magari abbinando l'esercizio all'ora di educazione fisica.

Quando: dopo aver letto *Disegno e coloro.*

Materiali: oggetti che normalmente si trovano in una palestra: materassini, attrezzi di plastica colorata...

Procedimento:
- i bambini si dispongono in palestra in ordine sparso;
- un bambino, che ha il ruolo di 'strega', dice 'Strega tocca colore... ed aggiunge il nome di un colore (es. blu);
- gli altri bambini devono toccare nel minor tempo possibile un oggetto di quel colore;
- il bambino che ha il ruolo di 'strega' deve cercare di prendere un compagno che non ha ancora toccato un oggetto del colore cercato. Se la 'strega' riesce a prenderlo, il bambino preso diventa la nuova 'strega' e deve dire un nuovo colore. In caso contrario, la 'strega' dice un nuovo colore e si ricomincia il gioco.

Perché?
È un gioco per rafforzare la conoscenza dei colori e il loro riconoscimento nello spazio.

ATTIVITÀ CON LE TEMPERE

Numero di bambini: variabile. Il gioco si può svolgere sia in classi di laboratorio, in cui siano presenti bambini stranieri, sia nelle prime classi elementari, abbinando l'attività ad una lezione di educazione artistica.

Quando: dopo aver presentato *Disegno e coloro*.

Materiali: foglio di carta bianco, pennelli, tempere colorate (indispensabili il giallo, il blu e il rosso), contenitori per tempere (es. bicchierini di plastica).

Procedimento:
- ogni bambino riceve un foglio da disegno bianco;
- la maestra distribuisce ad ogni bambino un po' di colore giallo, rosso e blu nei diversi contenitori;
- ogni bambino crea nuovi colori mescolando i precedenti e riportando i risultati del suo esperimento sul foglio (es. );
- la maestra al termine dell'attività riassume ciò che hanno sperimentato i bambini (si può anche fare un cartellone riassuntivo, che può rimanere in classe).

Perché?
Si può far svolgere questa attività ai bambini per far capire la differenza tra colori primari e secondari, svolgendo un'attività interessante ed educativa con i colori.

LE BANDIERE DEL MONDO

Numero di bambini: variabile.

Quando: dopo aver presentato *Disegno e coloro*.

Materiali: cartoncini o fogli bianchi, colori, cartina del mondo.

Procedimento:
- l'insegnante distribuisce ad ogni bambino un foglio o un cartoncino;
- l'insegnante chiede ai bambini di disegnare la bandiera del paese dal quale provengono. Se alcuni bambini non conoscono la bandiera del loro paese, l'insegnante provvede a cercarla e fornirla al bambino, in modo che possa copiarla sul foglio;
- quando le bandiere sono pronte l'insegnante aiuta i singoli bambini a posizionare sulla cartina ogni bandiera accanto al paese di provenienza;
- si possono poi fare domande alla classe chiedendo di localizzare e descrivere le varie bandiere, e scrivere alcune frasi.

Perché?
Il gioco può essere proposto perché consente di ripassare i colori, aiuta la localizzazione dei vari paesi sulla cartina geografica e può essere un legame alla cultura e al paese d'origine del bambino.

Piccolo e forte! A, B
Lucia Maddii - Maria Carla Borgogni
Corso multimediale
di lingua italiana per bambini

A) ISBN 978-88-99358-04-4
B) ISBN 978-88-99358-05-1

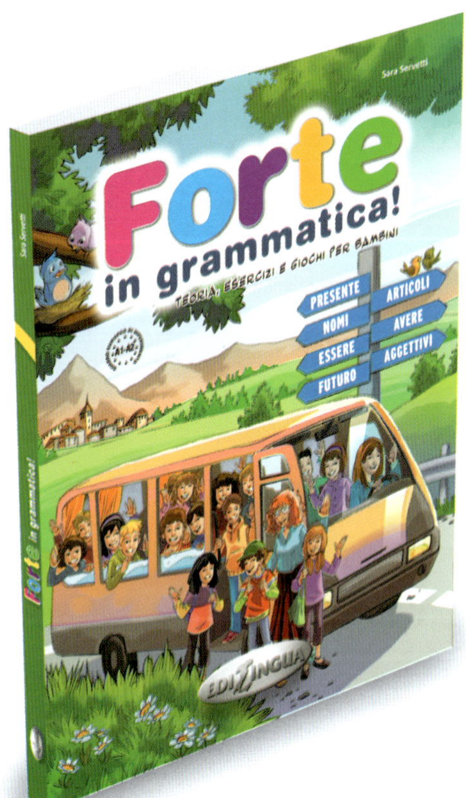

Forte in grammatica!
S. Servetti
Teoria, esercizi e giochi per bambini
Livello elementare

ISBN 978-88-98433-32-2

Forte! 1-2-3

L. Maddii - M. C. Borgogni

Corso di lingua italiana per bambini (6-11 anni)

+ CD audio + CD-ROM

Forte! 1 ISBN 978-960-6632-65-5

Forte! 2 ISBN 978-960-693-044-7

Forte! 3 ISBN 978-960-693-072-0

Al circo!
B. Beutelspacher
Italiano per bambini
Livello elementare

ISBN 978-960-7706-77-5

Vocabolario Visuale
T. Marin
Livello elementare - preintermedio

ISBN 978-960-7706-50-8

Vocabolario Visuale
Quaderno degli esercizi
T. Marin
Attività sul lessico

ISBN 978-960-7706-51-5